未完成

林西 —— 著

the unspoken

Billson International Ltd.

Published by
Billson International Ltd
27 Old Gloucester Street
London
WC1N 3AX
Tel:(852)95619525

Website:www.billson.cn
E-mail address:cs@billson.cn

First published 2025

Produced by Billson International Ltd
CDPF/01

ISBN 978-1-80377-154-0

©Hebei Zhongban Culture Development Co.,Ltd All rights reserved.

The original content within this product remains the property of Hebei Zhongban Culture Development Co.,Ltd, and cannot be reproduced without prior permission. Updates and derivative works of the original content remain the property of Hebei Zhongban. and are provided by Hebei Zhongban Culture Development Co.,Ltd.

The authors and publisher have made every attempt to ensure that the information contained in this book is complete, accurate and true at the time of printing. You are invited to provide feedback of any errors, omissions and suggestions for improvement.

Every attempt has been made to acknowledge copyright. However, should any infringement have occurred, the publisher invites copyright owners to contact the address below.

Hebei Zhongban Culture Development Co.,Ltd
Wanda Office Building B, 215 Jianhua South Street, Yuhua District, Shijiazhuang City, Hebei province, 2207

你不愿意种花
你说：
"我不愿看见它
一点点凋落"
是的
为了避免结束
你避免了一切开始

    --- 顾城《避免》

目　录

飞行的开始与终结

1. 飞行的开始与结束其一　/　002
2. The Beginning and End of a Flight　/　003
3. 其二：田野，田野　/　004
4. Fields, Fields　/　005
5. 其三：夜航　/　006
6. Night Flight　/　007
7. 其四：Mad Whispering　/　008
8. Mad Whispering　/　009
9. 其五：墨水　/　010
10. Ink　/　011
11. 回家　/　012

我爱你，绿苹果

1. 夜雨　/　014
2. 无题　/　016
3. 你是　/　017

4. 诗人　/　019

5. 灯塔　/　020

6. 初旭　/　021

7. 一个春天的降临　/　022

8. 帽子　/　023

9. 话语们　/　024

10. 静静的晚风　/　026

11. 行走　/　027

12. 太阳雨　/　028

13. 等待　/　029

与你

1. 与你　/　032

2. 我回到伦敦的时候　/　033

3. 重庆森林　/　036

4. 圣夜　/　037

5. 牧歌　/　039

6. 亲吻　/　041

7. 平行线　/　042

8. 爱人　/　043

9. 消失的人　/　045

10. 少年的爱　/　047

11. 无题 II　/　049

12. 故人　/　050

13. 寄生　/　052

14. First Love / 053

15. 回忆 / 055

16. 风筝 / 056

你避免了一切的发生

1. 无事发生 / 058

2. 破碎的一些东西，某一些东西 / 060

3. When things are broken something is broken / 064

4. 隐喻 / 068

5. 迷路 / 069

6. 自我审视 / 071

7. 一天 / 073

8. 季节性孤独 / 074

9. 季节性孤独 II / 076

10. 你好，大海 / 078

11. 暗夜列车 / 079

12. Polyethylene / 080

13. 我不懂 / 082

14. 孤独 / 083

15. 孤独 II / 084

16. 自由 / 086

你是谁

1. 青蛙 / 088

2. 远方 / 089

3. 深夜写作 / 090

4. 深夜写作 II / 092

5. 暗夜列车 II / 094

6. 停止写作 / 095

7. 停止抑制 / 097

8. 呼吸 / 099

9. 大地 / 101

10. 安乐 / 103

11. 明天 / 105

与她

1. 沉默 / 108

2. 道路 / 109

3. 亲爱的雅凡 / 111

4. 亲爱的雅凡 II / 113

5. 月亮 / 114

6. 尾声 / 116

7. 活着 / 117

8. 她说 / 119

与他

1. 恐惧 / 122

2. Fear / 124

3. shades of sadness / 126

4. 秋天女孩和她的倒影 / 127

5. 像树根一样 / 128

6. 白露 / 131

7. 一个普通的日子 / 132

8. 到灯塔去 / 133

9. 变成山羊 / 135

10. 拥抱 / 137

不合理?

1. 夏天 / 140

2. 预言 / 141

3. Prophecy / 144

4. 等待 / 147

5. 前夜 / 148

6. 一个秋日的诞生和死亡 / 150

7. 厌恶及其原因 / 151

8. 罪 / 153

9. 十二月 / 154

飞行的开始与终结

1. 飞行的开始与结束
其一

当焦虑流成一条小溪的时候
我就去飞行
到欧洲的另一个角落，云端的彼方去
夕阳化成水在尺子般的地平线上流淌
一切都很平静，很平常，很美丽

飞行的时候冬天会比春天短一点
我们可以住在
阴天上的晴天里

2. The Beginning and End of a Flight

My anxiety streamed,

so I went for a flight

to another corner in Europe, the cloud's other side.

Sunset turning into water, flowing along the ruler-straight horizon.

Everything is fine, serene, and beautiful.

When we fly, the winter will be a bit shorter than the spring.

We can dwell

on top of the clouds, in the sunny days.

3. 其二：田野，田野

飞行的时候我想起来

田野就像母亲的针织衫

我单色的外套

过了一年又一年

贴上不同的植物，成为天空下一片一片绿色的海

过了十四年我飞到了英格兰

跨过了多少的河流，多少这样的海

我的针织衫　越来越长

语言变得破碎，碎片

被绣在一起

说着什么国家的语言

我是哪里人，写着关于谁的诗

忘了填墨的一个早上

诗句写了一半断了颜色，墨痕

填在我

这块飞机的补丁上

4. Fields, Fields

In a flight, I saw

fields – like the knitted sweater from my mom.

My plain-coloured coat,

year after year,

patched with different plants, stretching to an endless green sea beneath the sky.

Fourteen years later, I flew to England,

how many rivers did I cross, knitting how many of these seas.

My sweater, you grew longer and longer.

Patches of languages got fragmented, the pieces

stitched together

speaking the language of whose kind

and where am I from? who am I writing for?

This morning I forgot to refill my pen

half stanza, I lost my colour, the dried black trail

got stitched on me

another patch on this plane.

5. 其三：夜航

有谁打翻了一瓶墨水
深黑色陷到了我的本子里
模糊了我的纸，我的思想，我的语句

我们在世界上最大的国家上方飞行
分不清现实和幻界，黑暗里
黑暗与黑暗之间的距离

在一片土地上劳作
我却点不亮一盏夜航中你能看见的灯
只有黑

6. Night Flight

Who spilled a bottle of ink,

whose deep blackness seeped into my diary,

blurring my paper, my thoughts, my sentences.

We are flying across the largest country in the world,

unable to distinguish the realm of illusions and reality, in the dark,

the distance between darknesses.

Labouring on this piece of land,

yet I can't light a lamp for you during this night flight.

just black.

7. 其四：Mad Whispering

　　我有很多怪癖，这是其中之一。我要这样写一首诗的开头和结尾。*真奇怪，明明要到巴黎了。但是，风筝把我牵回了原地。*我在年初对你说，不想再用平白的语言，去只写一棵树的影子。我要把笔落下，像血液一样流入土地。*我又在这么做了。*早上我，去车站的时候琢磨，要用海绵挤出什么样的文字，才能让我从焦虑中解放出来。现在我就这样在去往巴黎的飞机上。*我看到塞纳河。*塞纳河在这里，我和我的笔尖停顿着，想不起什么时候，哪一天我上次读完了莎士比亚的十四行诗。*停顿，停顿……*

　　一，二，三，逐一数数。我一下子从停滞的黑洞中苏醒。快要降落了。退潮了，退潮了，月亮落了下去。在这里，五千米的上空有一只铁鸟——它开始伸展开自己长长的机翼。我做好准备坠落了吗？蓝天要消失了，我还在这里，我在这？在这，还在这里。I am

8. Mad Whispering

I have many quirks; this is one of them. I want to begin and end a poem this way. *How strange—I'll be in Paris, but this kite pulled me back to where I started.* In Jan, I told you that I no longer wanted to write, plainly, just to describe the shadow of a tree. I wanted to drop my pen, its ink soaked in lands like blood. *But now I'm doing it again.* This morning, on my way to the station, I wondered— what words must I wring out of a sponge to free myself from anxiety? Now I'm on a plane to Paris. *I can see the Seine now.* The Seine is here, and my pen paused, unable to recall when, the last time, I finished reading a Shakespearean sonnet. Pause. Pause⋯.

One, two, three—one after one. I suddenly wake from my black hole. The plane is about to land; The tide ebbing. The moon sunk. Here, five kilometres above, a metal bird is stretching out its long wings. Am I ready to fall? The blue sky vanishing. But I am still here. Am I Here? Here. Still here. 我存在

9. 其五：墨水

一万米，一万五千米
笔下的文字混成了一摊黑色
渗到了这一页的后边

于是我深吸一口气
关上了我的本子
用封面的小带子轻轻系上
落　了　一地　　　的　文　字

10. Ink

Ten thousand meters, fifteen thousand meters.
words under my pen blurred into a pool of black,
seeping into the next page.
So I took a deep breath,
closed my diary,
with the little strap on the cover I gently tied shut
scatt er ed   words   spilled   on the   ground

11. 回家

大洋很大

故乡很远

我在飞机海浪般的梦境里

终于在黑暗中找到了我的翅膀

飞呀飞,到了我梦中的故乡

未来很长

过去很短

短到在梦里

    她也只唱完了一首歌

没有和我说再见

我爱你，绿苹果

1. 夜雨

你来了

从细雨的沙沙声中走过

衣袖里夹着冬天里 看不见的太阳

你的脚步比沙更轻细

当我扶在窗前的时候

     潮湿的雾里

感觉到你的手 比风更轻

踏在我

   已经干枯的山峦上

夜雨，透过呼吸

青草的味道

在你身后荡漾

你总像只狐狸

那么快地来又去

当我醒时

才看到你落在我心上的脚印

它很小，又带着一丝恶作剧的坏笑

云一般地来

彩虹一般地离去

却没有时间让我把眷恋织好

包裹着我的思念

寄到大洋的另一边去

孤独的时候我听夜雨

他和你一样顽皮，灵巧，始乱终弃

听他敲在石头上

蕴育在水色的夜里

我在梦的码头上沉睡

让那些温柔的絮语揉碎在梦的河里

外面，

雨下得那么急，那样的淅沥

我在一艘大海的小船上

浪花那样地细碎

我也那么执着地起伏

  那样贪婪地呼吸

夜雨中，

我在这样思念你

2. 无题

云藏在黑色的夜里
我藏在心事的云里
等春天
　　　阳光到来的时候
照在我分岔的头发上
长出大树

3. 你是

笔下镌刻的文字
我一笔一笔绣下的花的名字

沙漠中的一缕灰
城市中冉冉升起的烟尘

清晨来临的时候我吻着你的脸
你醒了
步履匆匆
踏上城郊的火车
半睡的早晨和拥挤的人群围绕在一起
绕成了你
潮水中忽上忽下的梦
我像爱一个世人一样爱你
像爱火车轨道上的一只绿苹果
那样鲜活的被碾压着的生命

在每一个早晨
随着阳光的呼吸
打开的，风扇般的眼睛
你吸气，吐气
尘埃构筑起了你的灵魂

尘埃拥抱了你的呼吸

你是
宇宙中的一颗星星
数千万光年外的世界有时能看见很久很久之前　　你的眼睛
大爆炸的遗产
进化和生命发展的奇迹
万千年间
永恒里
才孕育出一个你

梦里的你眉头紧蹙
身体充满疲累，身体
从我紧闭的双手中留下
纵然有人这般爱你
依然像沙漠中的雨水
还没落下便已蒸发殆尽

或许以后的我
能再忆起你
你被埋在山上
野草是你的墓志铭
你是雨水
空气中有你
存在过的痕迹

4. 诗人

困顿和夜
孔雀的屏压上眼帘
梦的香韵不时喃喃耳边

大脑却也变成停滞的钟表
滴……答
一下叮铃
韵律，混沌成黎明

5. 灯塔

茶叶蕴郁出香气
夜晚
窗外星灯
天上与人间，交相辉映

浓情是烈酒
情浓的却是故乡的窗边
房间中透出的海岸
心中的船
缓缓向前

6. 初旭

有一种简单的幸福

是我给仙人掌浇水

幻想它的刺变成藤蔓

是在深夜炒一盘芦笋

然后品尝苦味里的甜

我就这样吃掉生活的意外巧克力

然后把我的心情包在包装纸里

像 advent calendar 一样

耶稣没有从中诞生

但是每天我醒来

     我睁开眼

我受着阳光的洗礼

我在初旭的分娩时沉睡

像太阳,可以艰难地缓缓上山

我与太阳一起在每一天的夜色里降生下来

然后我啼哭

我张开比世界还要宽阔的手

7. 一个春天的降临

枝桠上开了新花
北半球失去了一天二十个小时的黑暗

日子不再绵长而忧伤
我失去了自己写诗的理由

8. 帽子

在巴黎拿着一杯拿铁观察人生

棒球帽在一家医院前的酒吧工作
烤着薯条怡然自得
太阳帽的大号女士喜欢空间感
左顾右盼地驱赶着蝴蝶

我想戴着一顶贝雷帽
上头画着瞬间的永恒
背着染上咖啡香的小 Tote
感受我自己,简洁的快乐

9. 话语们

去写诗
去写一些悲伤的不尽人意的
去写一些荒诞的癫狂的
去写情诗
写一个日落中破碎的心
去写成长
写秋天一片叶子的独立

我想去记录这些
生活中应有的美好,玻璃上的裂痕
想用一只单薄的笔
去画这个世界
她是自由的
每一天都如此绚烂

我是不自由的

我定在地上
一座树根的上头

悄悄地伸出破碎的枝干

害怕冬天的到来

却又禁不住

隐秘的春天的期望

10. 静静的晚风

静静的晚风，吹啊吹
　　　　吹到我半开的心上
天边的云彩，跑呀跑
　　　　到没有人踏足的地方
这样黎明会吹开隧道中长长白夜的一角
深深的黑暗中
我像那个塑料袋
在这个古旧的世界飞翔
寻找一扇或许不存在的窗户
飞呀飞
到一个我梦中的故乡

11. 行走

稻谷和风一起成长

我和露水一样下坠

在一个没有太阳的秋天的日子里

想要逃离的时候就躲到一只蜗牛的壳里

噩梦从壳外的月亮下沉浸进来

我屏住呼吸

从梦黑色的外套上踏过

然后从深海中抬头

    循着阳光

游向了一个有岸的地方

这样

从一片原野中苏醒

初旭中未消逝的月光消解了我的影子

我像一个刚出生的孩子一般

缓缓伸展开我装满羽翼的双手

飞向下一个地方

在黑夜和大雨到来之前

12. 太阳雨

晴天与阴天
下一盘棋
各自坐在对面

等一场雨，来换
攻守阵地

13. 等待

想在一个有风的日子里写诗
　　　　　　　写一首长长的诗
诗里有花有大树有林荫下的等待
等待起风，等待黄昏，等待会升起的太阳
我把我所有的心，
　　　　　揉碎了，束成一捧花，热烈地等待着
让它不朽，让它铸成一尊铁像
直到世界尽头
不管太阳，会不会在地平线升起
不管巨浪，是否已经落下

与你

1. 与你

云与大海一样厚重
山像浪一样流动
一直向西走
在追逐日落机翼的流光里
世界浸在一片金色的雾里

你形容夕阳是一颗苹果盖在了被子下
而月亮是太阳熔岩上的眼睛
孔雀尾翼的羽毛在地平线颤动
城市的眼睛在你的眸中点亮
变成了集成电路编成的手环
变成了水底闪闪发亮的戒指

2. 我回到伦敦的时候

我回到伦敦的时候,看到你靠在电话亭边
向我眨眼睛
睫毛上还滴着西雅图的雨水
打了个喷嚏,有那么些狼狈
缩在风衣里不住地笑

却一下被我在头上暴击
连眼泪鼻涕都洒在伦敦眼下
这是给一个陌生挚友的招呼
谁让他一声不吭背了包就走
五年前,茶杯下压一张纸条
"流浪去了,勿找"
气得我握力一下突破了七十千克
碎了的杯子在地板上砸出个角

带流浪汉回到他的收容所
我开始努嘴
眉头皱一下就成了一件气事
所有东西都和你走时保持一致
你看看这脏了五年的袜子

洗手台上干成僵尸的牙膏

柜子里长出蘑菇的零食

肮脏核武器的泄露地

全部给我收拾干净！！！

你一下委屈成了一只狗

耷拉着脑袋

边不情愿边开始嘀嘀咕咕

边用一根手指戳你臭了几年的袜子

诗人，流浪生活怎么样

我卸了妆，戴着眼镜吃爆米花

看着鼓成一只松鼠的你

穿着我海绵宝宝的睡衣

你说"世界太大，东京太远"

一艘船在浪花里一下就消失了

墨西哥的海峡，北非的草原和挪威的鲸　都留不住你的心

你想停靠的时候

就留在没有海的伦敦

慢慢地我们睡着了

头发和梦织在一起

我的梦里有你长长的睫毛，你在伦敦

每一个落日的时刻

我都有你的剪影

第二天早上我的身边空了

热巧克力的杯子还暖着

    压着一张出行的纸条："走了，勿忘。"

"你最好冻成一只狗熊！

湿成一只淹了三年的鸭子！！"

我咒骂着撕碎它，傍晚又心疼地拼了起来

诺，这个要发霉的杯子留给你

在你再回到伦敦的时候

3. 重庆森林

什么都没有发生的日子里
什么都发生了

4. 圣夜

天上一闪而过的流星

我指着它对你说

许个生日愿望吧

在这样圣诞的午夜

许愿能够得到一直旷工着的红帽子的礼物

许愿戴着小纸皇冠的你

能第一时间为我送上祝福

星夜在歌唱

雪花跳着华尔兹

在你长长的墨黑的睫毛上

湖水一般的眼睛中

我看到了自己的倒影

已经是第七年了呢

少年时期的彩虹道远远甩在身后

你曾牵着我的手

小心翼翼地过独木桥

但这一刻让我们奔跑吧

在这星空下

在你眼睛的湖水里

在寂寥无人的山谷

自由自在地

放声歌唱

让我回握你的手

不再需要带领

我要对着神圣的你许愿

请让这样粗粝的我待在你的身边

做一个看见你欢笑的人

在这无穷无尽的天地中央

我内心的起点与终点

你曾于圣诞夜诞生

照亮了我的生命

你曾这么揭开了星星眼前的黑布

让光照进我的眼睛

让我发现自己与你

一同闪闪发亮

5. 牧歌

午夜是水生滴答

落在旷野

浸润沼泽，滋养芳草

与正在吃草的牛儿

我在吃草

吃一根草在草原

坐在骏马的背上

感受世界和地平线一样宽广

是我对你

自由向往的爱

如秋月的薄雾

落满叶的火红

山羊在唱歌

是谁漆黑的发和明亮的眼睛

在我的心上挠痒痒

是你坐在我的身旁

昏暗的午后

我们一起坐在草原上

要喝就喝最烈的酒

呛得脸都通红

摇晃的指尖想要捕捉住的，

捕捉不住地

有情人的火热，温暖的呼吸和

漫漫长长草原的夜

舒婷说她想做棵树

笔直地站在你身旁

我更愿

成为这场爱情里的风

我像爱自己一般爱你

我像爱自由般爱你

天地颠倒

有人醉了

迷蒙了双眼

我像你眼中清澈的湖水般爱你

爱你是千千万万遍的事

是说不清道不尽的事

6. 亲吻

云像山一样沉默
夜像海一样广阔
你的眼睛,火一般在闪烁

没有广角,没有夜空,没有探照灯
太阳在正上方
世界中央没有了影子

7. 平行线

你在电话里对我说要去远方
我问远方是什么，是哪里
　　　　　　怎样才能联系到你

是有梦远离尘埃的地方
天上的星星能被镜子装在水里
我在自家搭建的木屋里
扇着蒲扇，或许还有萤火虫
那里不会有声音一直在我耳边嗡嗡作响
电子的喧嚣，无处不在的视线
我能作为一个自然的人活着
任思想奔驰
是自由的马，没有缰绳，一直到天涯

那里也许没有你
也没有你所期待的世俗中的成功
我就在这样的世界里
你在湖的那一头
我们平行地过不相交的安宁生活

8. 爱人

听着音乐的时候忽然想起了你

带着毛茸茸耳机闭着眼的样子

长长的睫毛

可以承受这么多年我内心的积雪

当你坐在我身边的时候

透过不存在的冰凉的你

我的内心开始温暖起来

像融化的山泉

在春天刚开始的时候

挂在草尖上流泪

你曾是我的生活

现在是我生活的影子

甜蜜苦涩地缠绕在我的身后

什么时候能再见到你呢

我半忧心半期待地

拼凑出你的二十多岁

想忆起你出现在我未来的样子

如果我在你的墓前献上一束花

我也一定也点燃了自己碑前的蜡烛

你被定格的笑容

你永久的在我的记忆中

韧性地存在着

我无法抬头

锁在房间中听你的歌

你大概只是远途旅行去了吧

回来要给我带什么伴手礼呢

回来

又会怎样对我笑呢

未完成

9. 消失的人

记忆突然缺失了一块

像完整的拼图失去了最后一角

就这样

在旷大的城市中

我开始寻找散落在银河系中的月亮

地下长长的管道里

气球一样地飘浮着

从人来人往中拼凑

似乎这是你的手

修长又骨骼分明

那个正在看书的男人则有你有些深邃的眉眼

那时而深垂着时而紧锁着的棕色宝石

手臂，脚踝，嘴唇

我从记忆里抽丝剥茧出路人的模样

剪贴画出一个好似熟悉却又陌生的脸庞

然后带着他外出旅行

去着踏着一同消失在我记忆中的一个个星系

一个人

钥匙一般和我内心的锁相扣

变成嵌进我生命里的那束光
人格中缺失的一角
深海中上浮的氧气

旅行的时候在飞机上我们并排坐着
拼贴出的你的画像注视着地平线
而我透过舷窗的玻璃望着你
那么近却又遥不可及

10. 少年的爱

迷路时
在梦中向着你的学校迈去
街边的一盏盏小店都铭记于心

虚幻中眼前的是你的背影
二十五岁的我装成十年前的样子
拍拍你的肩
看你突然被吓到的模样
发生在今夜的梦里,像是昨天,
　　　　　　　　也会是明天

年少时的爱曾是大树枝繁叶茂
慢慢枯萎成错落交织的记忆的根
我那深爱着的人
一直年轻着的面孔
变成了生活中永远的秋日

嫩芽年年在新春冒头
燕子来了又去
烟火一样飘忽绚烂的命运

我总任性觉着
　　　　要在这浮萍般的一生中找寻不变的东西
即使跨越千里
山之后的山后
海尽头的海边
思恋会化成具象的东西
曾经许下的约定
指尖相连着的红线
跨越发黄的语句和书页
永远都不会改变

11. 无题 II

听见风铃的时候我想起大海
听见雨水的时候我想起森林
马路中央的人来人往里
我听见匆忙又平凡奔波的自己

但是还有你
蝉鸣，蜂蜜和太阳
让我想起你

12. 故人

我想念你

戴着深绿色的围巾

　　　　在清晨的角落里苏醒

长长的睫毛像微风吹过大地

照在我心中

　　　　半开的窗上

我想念你

湖水一般的声音

和温柔的眼睛

在深深的走廊中凝望

你会悄悄地在我耳边倾诉

然后我

　　放下编织着的铁丝的网

在长长的梦里睡去

我想念你

是我的话语,是我的眼睛

是壁画

在夜深处与执着孤灯的我远远凝望

是我

十四岁记忆里的灯火

属于我的角落

我想念你

像是踩在毛茸茸的地毯上般

这样的你

让我安心

我想念你

我如此深切，真诚，祈求绝望地想念着你

而你在我厚厚书页的深处

在上面落灰的尘埃

在我深爱眷恋的回忆里

13. 寄生

我爱你
自毁,卑微地爱你
像真菌长在枯木上那样爱你
像藤蔓攀附在大树上那样爱你

爱,悄悄瑟缩
是爬山虎的脚板吸在你的心里
直到你的养分归无
我枝端的花朵
见证这一段不平等的爱情

14. First Love

你走了

走到了火焰的另一边

我融化了的地方

我看到你的时候

你从我心上走过

    踩碎了一地的玫瑰花

你走了

到山的尽头

我奔跑不到的地方

你总是不回头

你从来没有对过我笑

只留下我在奔跑

无力地奔跑

跑到另一座山上

或是大海的尽头

我可以是夸父

    跑到精疲力竭地倒下

我还是会微笑

只要你在烈火中看我一眼

看我一眼

不是快乐掩盖的假面

不是温柔遮掩下的从容

抱起我的灵魂

亲吻我融化的手

走进我的心,我的眼的深处

不要看我

如果你不看清我

那样我会那么痛苦

我情愿去死

死在我内心的烈火里

也好过你

施舍我

15. 回忆

故乡和少年时期
世上再也没有的东西
都锁在了记忆的牢笼里

16. 风筝

天空中的纸鹤

远去的故人

手中的理想像是抓不住的风筝

我这么在天空中飘浮着

在这悲怆无奈又无尽的世间行走

直到飞到下一片大海

春天很暖

冬天的花儿在那时都会盛开

你避免了一切的发生

1. 无事发生

地球又绕过太阳一圈
秋天的我
丢失了我九点半的落日

我不伤感
因为我手中有
　　　　　冬天和夏天时一样的咖啡
和一直陪伴的我自己

蝉在最后的夏日开完了最后一场演唱会
向日葵也不再追随着太阳
大家好像都能在短暂的时间里改变许多的自己

而我蹲着
发现在这里
　　　沙子的底下
　　　同一个位置
　　　　　埋着三年前的我自己

冬天夏天

我奢侈地长久地活着

一切都那么平静

无事发生

而我也

　　　一无所成

2. 破碎的一些东西，某一些东西

吃莓子的时候

我总是吃到最苦的那一颗

喝酒也是

有时尝不出甜的味道

我会在午夜十二点冲一杯浓浓的咖啡

倒在窗台上

我把我的心

颤栗的，赤裸的

一同倒在窗台上，流进夜色的地毯里

有一天我梦到

在希腊的某处神殿中我与一条蛇在亲吻

我能看见我眼前的未来

却失去了让他人相信的力量

就像我现在掏出的一颗破碎的心

我曾把它摔碎在地上

      裂成一瓣又一瓣

大叫着，撕扯着我的头发

看！

看呀！

这就是我

无人相信的我

甘于被践踏的我

求求你们中的谁

能不能来看一眼它

学会去爱

是学会如何用绸缎编成胶水

   然后一点一点

      在流血的时候把内心缝补起来

绕在最外层的是理智

但是我现在拍拍我的胸膛

啊

又是在一个没有外力的时候

她自顾自地碎掉了

破碎

   与自我毁灭

是一种生存本能

为了在一个不完整的世界中残缺活着的适者生存

把自己压到一个既定的模子里

然后我给了自己一个权利

"你可以碎成任何样子"

我耳语着

"这是你与生俱来的权利"

每一天的深入骨髓的不被理解
每一次期望之后掩盖下的失望
像是看了一场期待已久却没有鸽子的魔术
我可以躺在舞台上
     被随意切割
我可以像一具尸体一样
如果没有生
也就无所谓死，无所谓去死

蜘蛛会结网
   我也是
结一张无意义的美丽的网
然后我是茧
   被炸熟

伟大的马戏团的观众们啊
在这里
我向您们展示一个绝望过的少女的灵魂
向我以鲜花
   以拳头
    以无法停止的掌声
这是一场荒诞的闹剧

谢谢您观看

对

就在这里

我的高跟鞋下

留下您的五镑硬币吧

作为一直忽视着我的惩罚

注意抬脚

地上的碎片可能会伤到您们美丽的脚

请小心,请小心

谢谢

谢谢惠顾

3. When things are broken something is broken

While eating berries

I always happen to pick the most bitter one

Same for alcohol

I can't sense sweetness somehow

Sometimes at midnight I brew a jug of dark black coffee

poured on the windowsil

I pour my heart

trembling, bare-naked

at the same moment, waiting for it to flow

to the carpet of velvety nights

One night I dreamt that I was

kissing a snake in the Athenian Parthenon

I am Cassandra

The future is unveiled but offered with no one's trust

Like the broken heart pulled out from my chest

I used to smash it on the floor

piece, by piece

screaming, tearing my hair

Look!

Look.

This is me

The me incapable of trust

The me obedient of being crushed

I beg the pardon of someone

to spare a visit to her

Learning to love

is to learn how to make glue from silk

        and bit by bit

           sew the bleed of an internal lock

On top of it I wrap with rationality

but now as I pat my heart

See

Again in such moments without a Bang from the outside

She crushed herself

Fragmentation and self-destruction

are instinctive drives

              for the fittest to brokenly survive

Folding myself in a pre-defined mould

then I granted myself a right

'you can break into any possible shapes'

I whispered

'This is the right you are left with'

Everyday the surrounding misunderstanding, ice picks in bones

Every time my despair, hope being stoned

It's like watching a magic show without pigeons

    I can lie on the stage

        be casually sawed into pieces

    I can be like a corpse

If without life

then death doesn't matter

it doesn't matter to die

Spiders specialise in knitting

    I do as well

I knit a meaningless but beautiful net

    I am a cocoon

    deep-fried

Ladies and gentlemen of the grand circus

Here

I present to you the soul of a girl who has despaired

Offer me flowers

your fists

and unstoppable applause

This is an absurd farce

Thank you for watching

Yes,

right here,

beneath my high heels

Leave your five-pound notes

as the price of indifference

Mind your step—

The shards on the ground might hurt your beautiful feet

Please, be careful. Please, be careful.

Thank you

Thank you for your patronage

4. 隐喻

我是诗歌中的狐狸

鼓楼上的风

京都冬夜的雪

是绵绵落不尽的夜

有一天被关在瓶中的金鱼

文字与金鱼与

真实，透过扭曲的玻璃

置于橱窗上让人阅读

风和雪都不能回到自己出生的地方

我像一袋在腐烂的绿苹果

没有了根，等待着未来

没有了成为智慧果实的期待

反复幻想着能踏入同一条河流

5. 迷路

我像一个孩子一样

在城市的隧道里走丢了

双手沉得像铁

背上背着斗笠

听一个我不认识的人说的话

要去找黑暗中的月亮

没有灰姑娘里的魔法女巫

挥挥魔杖抚上我的脸庞

没有见过月亮的人要如何去寻找月亮

没有出口也没有入口

在这长长漆黑的道路中

我一直兜兜转转

思绪与哲学的思辨

混沌地揉在迷宫里

哪里是出口哪里又是入口

旁人说我在前行

孩童却知道自己在永恒的螺旋里

盘旋着

上升或下降

局限在半块三角形底面的地方

跳不出没有出口的窗子

墙壁挡住了月光和我之间

咫尺又遥远的距离

未完成

6. 自我审视

你是

一块玻璃

摔碎了被重新粘合起来

为了下一次

能够碎得更加漂亮

你是

沙漠里的雨

你想浸润的土地

不能理解你的给予

你是

被丢弃的一只气球

向上走着

是为了迎接孤身一人顶端

　　　　　绚烂的爆炸

你是天空中死去了却仍能被看到的星星

你是被圈禁在壳中无法挣脱的鸟

你是被包裹在酥脆外壳下的冰淇淋

你是孤面自照的狂信者

是时刻苦难的诗人

是黑色的心长在了一个温暖的人怀里

在城市的人来人往中我想要去靠近

一个人

但我假面的热度是滚水会杀死他

再里面的寒冰会生生撕开皮肤

同时我那炽热破碎的心

被转瞬即逝的眼神和不经意的言语，千万根针插着

好像比皮肤都近

却又比云更遥远

你是我想尽力捧住

     却又不断流走的沙子

7. 一天

闲坐着是一天
谈论是一天
空想是一天
寂寞扎根在水槽里冒出来和我招手
嘲笑我的笔钝了
一来二去
又荒废了一年

叫不醒，醒不来，动不了
春天已经爬上了枝头
世界太过美丽
才总想一了百了

8. 季节性孤独

春天太阳与蜜蜂一同出门的时候

我发现自己看着窗台的花

微笑起来

    让我心梗得差点被送走

我发现眼前是一口深井

我想要却害怕着

抓住水中闪闪发亮的金子

我时常为了孤独而悲伤

不孤独的时候也为了孤独悲伤

松鼠在丰收的季节为了冬天的温暖贮粮

春天的我采下一场甘霖后冒出的所有小蘑菇

然后如临大敌般

把它们画成毒蘑菇丢掉

我想把头埋在沙子里

我不想期许

我就这么不快乐的快乐地活着

夏天鼠灰色的和服

穿着非常好看

过了紫阳花的花期就不能穿了呢
来年也想和同样的人一起过夏天啊
想像飞蛾一样
飞向某种炽热的东西
夏虫虽不可语冰
却能幸福着死去
冬天的我一直羡慕着
拥有这样某些瞬时短暂的东西

未完成

9. 季节性孤独 II

地球又绕过太阳一周

在九月的大雨里

我丢失了自己九点半的落日

我不感伤

因为我手里有冬天和夏天一样的咖啡

和能煮出不同咖啡的我自己

酸味和苦味的交织中

窗台上的落日

是油彩化在水里

漫延成冬天　慢慢缩短的天空的颜色

我曾也是一头蓝天下自由奔跑的牛

有一天王小波写信来，说

"明天生活会捶打你的蛋"

这锤子

它高高扬起

像是什么达摩克利斯之剑

阴影下的我奔跑者

跑向命运即将来临的冬天

九点半的太阳消失了
世界的黑暗延长了
被生活按在案板上
一条鱼只能这样
"放弃"或者
"微笑着死去"

在这样拉扯的妥协中
我在日益缩短的光阴里
品尝我日益增长的苦涩

10. 你好,大海

夏天退潮了
孤独的人坐在海滩上数海鸥

我坐在窗边
看永恒的潮涨潮落
直到我们都
陷没在夜色的袍子里

11. 暗夜列车

尘埃在震动

我们在海底下穿梭

没有透明的隧道

在眼前展现的只有

              漫延在身前的冗长的铁路

我像一摊墨水一样化在了隧道里

在一片没有星星的大海下

*Eurostar

12. Polyethylene

突然有些累；有些想走路
　　　　　　有些想一个人待着
突然想到没有云和星星的天空
　　　　和站在草地中间的
　　　　　　　大大的我自己

云和感情可以像风一样轻
和椅子上逐渐变干的 polyethylene 一样
和我一样
躺在椅子上
等待着之后会迎来的死亡

有没有一只手
在某一刻将我拾起
针插进血管
　　　　然后是冰冷的液体
直到大脑和身体都被福尔马林固定
像我曾数千次地在小小的窗口中看到的那样

我会想念十四岁时候的自己
像是思念那只还没长满胡须的小鼠

想念她去到另一个地方
　　　　是为了逃离家乡的勇气
即使死在异乡的手术台上
那也是我

而我，却已不是我

13. 我不懂

睁开眼

摸索着关掉闹铃

天花板上又像是被谁泼墨过的白色

蝉鸣的喳喳声

角落里打碎的水缸中挣扎的金鱼

闭上眼

醒来

世界还是一样局限在我耳边

在空洞的视野里

在纯白的床上

人生，初潮浸过的血迹

绘出的画卷织成蛛网

地上有只摔碎的花瓶

灯与蜡烛的泪滴半暗半明

这样空寂的感官世界

在一条很长的路上漫无目的地漂荡着

活着并不一定醒着

醒着也不一定活着

14. 孤独

我会一个人看日落
我会一个人喝茶，然后
　　　　　　煮可口的咖啡

我会一个人静静地躺在床上
思考来生的故事

一个人的旅程就像
　　把脚浸没在颜料里
在一片洁白的大海上写诗
我可以写水手航行到很远的地方
写一朵孤单的花落日等待着一次驻足
十四岁的不甘和二十岁的期冀
煮进一锅胡萝卜汤里
煮出我孤独的余韵
之中是甘美的生活

15. 孤独 II

你乘着风来
没入我大海般的梦
变成我小船的桨
你总是嘲笑我
我拼命摆动你，触不到大海的底

我最亲爱的朋友
为何你总喜欢
　　　　　把尖针插入我心里
我和你相伴的过程
就像和一张手术室中空白的床
你取走我鲜活的生命
我苍白着，离天堂更近

我害怕想到你和我一起老去的样子
像想不到钢琴不是只有黑白的时刻
我想把你种进花坛
你长成美丽的玫瑰
然后，刺破耕耘你的那双手

或许我们是双生子

你这样寄生于我

像盘绕的藤蔓，我

在雨林中被迫枯萎，又或

在胎盘中被你吞食

你是我

摘不下的皮，我的美丽样子

我亲爱的名为孤独的朋友

我给你热烈的斯德哥尔摩式的爱

爱你看到我，溺死我

爱你吸取我，长成我

爱你抽空我，填满我

16. 自由

我将手捧起,指向天空

星星的方向
　　　　　就是自由
地面的方向
　　　　　是流淌的生活

你是谁
_____

1. 青蛙

我听到风
吹开我的窗帘
我是那个在火车站台上的塑料袋
我沙沙作响
我没有随波逐流
是因为我装着我
  沉甸甸但看着像垃圾的理想主义
  和我那不值一提的骄傲

在我栖息的地方
前路和身后是一样的
像站台上不断上车下车的人们
是青蛙
是一条带子上的货物

我装着窗子里的人称为垃圾的枷锁
固执地站在原地
坚信着自己是不一样的
  是一个孤高的殉道者

2. 远方

我听见你
坐在暮色的窗前
你沙沙地诉说

西边的太阳在后退
东边的潮水在升起
你不知道自己要去向哪里

3. 深夜写作

初春了
天晴的日子里
我等待着一场大雪

这样走在路上
迷路了的时候我就推脱
雪太亮了
晃了眼睛

我也不知道自己是迷路
还是变成小草
好不容易刚探出头
一下又被春雪压垮

心情大概是可以像天气
矛盾又阴晴不定
在没有雨的日子里
我曾乞求上天让我看一眼阴天的样子
现在我想
去他妈的
大概没有比我的内心

气象更为混乱的地球了吧

走呀走
我与天气都迷路了
我想
雪一直下的话
往前走的时候我就看不到过去
就这样迷路吧
我想躺在脚下的土地上,冻得冰冷的同时听听心口的风声
起点和终点都不重要
在瞬间感受谱成的我内心的永恒里
雪会盖过我的路和足迹

未完成

4. 深夜写作 Ⅱ

我不像达洛维夫人
　　　　能在晚餐中找到什么灯塔
也不擅表达
只喜欢挑自己的错话
然后把它们装进枕头里
　　　　闷死我自己

我的心理医生和我说
我需要一些长途旅行
阳光和空气
他说在空旷房间里
与仙人掌说话的我
看着最自然幸福

这些东西
我早就丢了，不知道在哪儿了
我在一艘时间的独木舟上
只能与过去和未来的自己交朋友
孤独这个名字
刻在墓志铭上

在窗前和仙人掌说话的间隔

四季更替

我抓不住指尖花的名字

想变成一阵风，变成自由

逃离蜗牛的壳

这些我尘世的梦

     脚上的镣铐

天使能救赎我并微笑吗

想变成一些虚幻的东西

我总不爱这么　有真实感地存在着

5. 暗夜列车 II

火车沙沙地　前行
白昼像探照灯
把一个个日子在前行的速度里钉死
白色
全是白色

我坐在一辆火车上
孤单地驶向黑暗
时间
从我的镜片中流走
过去与未来，都在隧道之中

6. 停止写作

停止写作
　　　　在一个失去日出的早上
停止写作
　　　　在一个丢失了夕阳的夜晚
星星都消失了的原野
有谁伫立在中间
执着地抬起头来

写作
是把萤火虫的低语
用捕梦网刻在夜的温柔里
是清晨从窗台经过的狐狸
　　　衔着一根草
奔跑着来，
奔跑着去

灵感若是宇宙中的星星
我的笔就是尘世的一粒沙
我是一只蚂蚁
我抬着比我重万倍的笔尖
想要在岩石上

留下一些存在的意义
而停下笔时
我被虚无包围
我看着眼前的高山
以我弱小,轻如蝉翼的身躯
看着,执着地看着

现实不会从我眼前移开
星辰不会在我目光里坠落
笔下的文字不会是前路的指引
我在前进,沉默地前进
想要用一首诗的开头和结尾
     来揭开眼前的一帘纱
像草一样轻
也像雾一样浓郁

书写,是因为现在
是因为眼前的迷茫

7. 停止抑制

有太多不切实际的幻想和希望
　　在开始前被浇灭
有太多灵感和冒险
　　是岸边水草里的火
我也不知道为什么我总是这样
　　对自己，一直握着灭火器

我总觉着
勇气就像萤火虫般
转瞬即逝
心灵的抑制环绕在光周围
漫无目的的　幽深的黑暗里

或许前路可以灯火辉煌
　　在某一个前人点过灯的站台上
　　在某一个理想的地方
　　人们可以不用顾忌地相互交谈
　　　　　　　　相互连接
让自我与他人之间的界限变薄
像羽毛一样
　　然后飞到湖那边的某个地方

芦苇荡里

谁游离的心上

是什么让我们互相分离

是什么又让我们互为一体

  所以我才在这里做我的吟游诗人

把我的壁垒锤倒

从他人的目光，社会的期待中解放出来

去踩在地平线上

     把世界都踩在脚下

我可以这样向着夕阳奔跑

只要能做一个内心自由的人

殉道者渴望干涸在路上

8. 呼吸

呼气，吸气
是再正常不过的事情
尘埃，塑料还是毒气
都通通进到我的肺里
这么自由，这么甜蜜

他们说
虽然拴着你的脖子
但是你还可以呼吸呀
在哪里都可以，真好
只是我还不是鱼
还没办法在水下一张一合地呼气

不要再把我的脑袋压进水里了
你知道的吧
站着溺死
费力也不讨好
还难伪装成自杀哩

有很多不可名状的情绪
　　　　　在堆积

有一些挣扎嘶吼的裂痕
　　　　　　　在枯萎

伦敦的夜里
初秋冷得像化在月亮里的露水
披着毯子的我
数着搬家的蚂蚁
困在石头围成的墙里
饼干屑在接力
一点一点
一只，下一只
这个角落到那个角落

不要再啃食我了
不去愚公移山地踏碎些什么吗
一丝一丝的
奢望精卫有一天能填上海

泪水把我融化在伦敦
我哭泣
但是我的泪水传不进墙内
那里没有风
我融化不了
我只能站在大地上

9. 大地

这里没有人
于是我站在大地上
一颗独立星球正中央的荒野里

我可以呼喊
在地上打滚
但是只有风和沙
呼唤我的声音

永远是夜
黑得像墨水
沁在一片大海里
打湿了岸上拾荒的我
那双凉凉的凉鞋

宇宙的尽头
星星的爆炸都传不到
我像是走在蒙古的荒野里
没有手电,没有现代文明的痕迹
这里没有光,没有温暖
只有空间,无穷无尽地延伸着

一口不断扩张的井

我可以把手撑在地上
看一看有盖子的天
沙子流过指尖
像时间流过华丽的地毯
尘土回到地上
我也永远回到这里

这是我,这里有我
这里没有人

10. 安乐

把记忆清空

骑上摩托

把时间甩在后头

那些日历中的一页页

汽油的尾气

这样漂浮在没有边界的旷野里

我想清空

我想逃离

这一叠抽屉中的信

署着我爱的和爱我的人的名字

是胶水把我粘在桌上

只能看着空落的，透明的天花板

像鱼一样吐着气泡

在鱼缸中尖叫

爱

当我第一次看到你的时候

我就明白

我要被拴住了

被你看向我的眼神

被我自己看向我的眼神

做得够好了吗

尽全力了吗

活得比谁更快乐吗

我不能说不

因为我不想看到你晴天变成阴天的模样

我不想要同情

践踏在我颤动破碎的心上

为什么就不能让我独自破碎掉呢

不会扎到谁的脚

我快乐时就活着

痛苦时就死去

我是这样的疯女孩

不要想太多

这样不酷，不可爱

我不是一只小兔

哭泣和撕扯

    是我最常做的两件事

只可惜微笑和从容

    是我花瓶的样子

所以我还没有独自去驾车旅行

我在伦敦十一月的大雨里

11. 明天

你打碎了这只瓶子
你在今天撕掉了昨天的日历
你眺望大海的另一边,你看着碗里的那么多苦难,
你告诉自己,你不属于这里

与她

1. 沉默

心事在影子里
她被夜拉得很长

我们并行着静默
广场上是温暖的人群
她走在冷色的光里

2. 道路

森林中有两条路

你说它们的终点是一样的

左边是一条铺满落叶的红路

你踏上的时候树叶沙沙地响

右边是另一条有些泥泞的路

但是能看到海

小心一些也能踏足

你说这两条路的终点是一样的

稍作整憩

我们会在下一个路标碰头

于是我背上书包

我背过身

我忘了去看我熟悉的你的背影

路不窄也不宽

时常能遇到新的探险家

路途也不漫长

分叉点就在前方

道路的尽头

我看见你背着包出现在我眼前

我们在相似的时间又到了相似的地点
但这次我们没有交谈

下一个分岔口
我们各自选择了不相同的道路

3. 亲爱的雅凡

亲爱的雅凡

不要哭泣

不要去追别人的影子

亲爱的雅凡

不要叹气

会弄皱你美丽的裙子

在伦敦一个美丽的晴天

用咖啡做一场盛大的泼水节

忧愁从身上回到地上

在云之后

    天空还是蓝色

生活在森林般的过道里

    有夏天的树莓等待着你

你是太阳

    只要你想热烈地照耀

你是风

    只要你想自由地远行

你是我心上的小船

是水手
努力开拓世界的边际

亲爱的雅凡
这些你都能做到
只要你选择相信

4. 亲爱的雅凡 II

亲爱的雅凡

蝴蝶是你的翅膀

城市是你甩在身后的闪光粉末

风可以托着你

降落在一片安宁的岛屿

我不会为你祈祷

我不会为你悲伤

我知道你的路就在前方

就像知道阳光总有她的去处

做一只蝴蝶在草原上飞吧

尽管这里总有雨水

你一个人

    可以跨越山川

你会独自远行

到世界的

    另一边去

5. 月亮

在角落里哭泣的女孩
我为你送上一束花
抚上你颤抖的肩膀
说一声晚安
唱一首摇篮

你曾经也是个眼含希望的孩子
工整书皮包的本子
削得尖尖的铅笔
没擦过的洁白的橡皮
安安静静地躺在课堂的书桌上
纤细漂亮的指尖向着太阳

一只无所顾忌的飞翔在蓝天的白鸽
却总是有人扛着猎枪
一梭梭子弹把你打下
纯净的羽毛染上血
翅膀骨折，被生生扭断
对着只有装饰意味的手臂
你的牙齿开始打颤

不愿去看月球背面的黑

是一个个凹坑，是身体的背面

被强制撞开的门

捅进灵魂的深渊

活灵活现的泥人

劈开

捏成嘴角强行上扬的样子

这是你的身体

被恶魔，被角落的喃喃，被你虚妄的自尊

被红线

捆成不会反抗的礼物的样子

我透过镜子捧着你的脸

你的心声通过海峡的风送到了我心中的弦上

温柔的风吹不散世间的阴暗

温柔的风能吹亮教堂的钟声

传得很远，很远

让每个照镜子的人都能看清却不必感受

月球背面的样子

未完成

6. 尾声

开始是结束的开始
结束是开始的挽歌

音乐盒里穿着美丽舞鞋的小人啊
跳着不厌倦的足间舞
一步一步谱出巴赫中旋转上升的音符
踏在我
这一只鸽子的喙上

我们都被钉在埃舍尔的墙上
鸽子一片片飞出画来
鸽子一片片在坠落

7. 活着

我想在这样一个睡不着的夜晚

耷拉着眼睛，敷着面膜

等它干的时候写一首诗

写一写夏天时我们刚遇见

你自由笑着的样子

还记得我们夜间聊天

在远离人群的角落里

你说着你的二十年

我听着

   止不住流泪

那时我想像你是一个被荆棘包裹着的孩子

却又像浮木一般

   一碰就碎

再写一写春天花开的时候

你擦不掉的脸上的阴霾

被过去拖累着的样子

你问我为什么

你生活在一片墨水的黑里

我想让你相信这是一条隧道

　　　　跑到尽头会是光

如果命运挣不过你生命的这个秋天
起码可以在永恒的冬天久久入眠
失去水分的面膜在我脸上拧成泥
有河流经过沟壑

我打开衣柜看到染上灰尘的和服
期待下一年　一起看到
烟花刺破黑暗绽放的样子

8. 她说

二十五岁的故事
如果不在二十五岁书写
就不再是这个故事了
她说

我需要离开这个房间
我们看过的景色
让我们变得如此不同

我需要离开这个房间
同样的我
树枝一般在一个节点漫延成不被你定义的水

我需要离开这个房间
结果是不一样的我
回到一样的生活

城东在下雨
城西在放晴

与他

1. 恐惧

我梦到我碎了一颗牙
变成灯泡堵在我的嘴里
我梦到了我碎了半块的眼镜
也碎了我能碰到的光明

我梦到被贴着无情无义牌子的人
走在她眼中纯白一片的世界里
她曾踩在递给她玫瑰的爱人的脸上
她太冷漠
她奢望于用一个模子
去爱所有人的样子

有一天我梦到我在一个站台上拿着气球
然后我的头飞走了
我把我的心束成一捧花
扔到一片无法让花生根的海里

恐惧像是
爱月球背面的样子
像是
手控制不住放在火焰上

像冰块融在手心里

我的头飞到了南极
然后我在另一颗心的寒冷上冻掉了舌头
梦醒的时候我摸着自己
被我内心曾经的寒冷所灼伤
但它们碰到你的时候都化了
变成了凝结在我脸上的水雾

我恐惧爱人
是一个失能的过程

我恐惧我自己
是一个太傲慢灼伤别人的人

2. Fear

I dreamt that I broke a tooth,

stuck in my mouth like a lightbulb.

I dreamt that I smashed my glasses,

And shattered the light I could reach.

I dreamt of one labelled heartless,

walking in the pure white world of her sight.

She once stepped on the face of her lovers bestowing her flowers,

She was too cold —

she longed to use one mould,

to love the shape of all people.

One day I dreamt of being on a platform holding a balloon,

and then my head flew away.

I tied my heart into a bouquet,

tossed into a sea where no roots could sway.

Fear is

the dark side of the moon.

It is

my hand uncontrollably placed on a flame,

ice melting within the palm's claim.

My head flew to the South Pole,
and on another heart's cold, I bit off my tongue.
Awakening from the dream, I hugged myself,
burnt by the coldness that once dwelled there.
But when they touched you, they all melt,
dewed into mist on my face.

I fear myself,
for being too arrogant,
unwittingly burning others.

I fear to love someone —
disabling,

3. shades of sadness

I sneeze when I see the sun

Isn't that too weird

I am allergic to warm things

like the sun like the grass like you

They give me rashes

Too novel for me —I don't have their antibodies

And you said that I walk like

a razor. Cutting

the sun apart.

4. 秋天女孩和她的倒影

我看到太阳总会打喷嚏

这可太奇怪了

我好像对一切温暖的事物都过敏

太阳，或是草地上微笑看着我的你

我总是起疹子

它们太新奇了——我还没来得长出抗体

你说我走路像

一把剃刀，那样走着

切开了

太阳

5. 像树根一样

"你又哭啦"
我的心理医生停下了手中的笔
是今天的第二百二十七次
我回答道
想不到要做什么的时候
我学会了用流泪来填补时间

我时常梦到一条流淌着记忆的河流
一截一截，不延续
我可以伸脚进去
我站在今天
看到过去的自己用眼泪浇灌着还没有被填满的
沙子

挖我的心像是
去掏一摊水倒影中的金子
或是用白蚁
蚕食参天大树的根
我的心，那样盘根错节

织成一层层的网

拥挤成空气都容不下的形状

要求我理解你的心更残忍

我要把我的树根，我的手砍下来

磨好成捅进我的枝干

一点一点地雕刻出水上的月亮

曾有兔子被惩罚在皓月上捣药

地上也有这样的一棵树

把自己的根捣成一个线团

柔软洁白的她

被路过的猫一挠

不知不觉就乱了

她想要去寻求对等的感情

逼迫自己去呼吸融在土中那样稀薄的氧气

我呼吸的时候用手这么缠住自己

我用我的树根这么拥抱自己

靠一些稀薄的，微弱的希望存在着

不对等

为何这么痛苦

我想抽离

可我深埋在这里

我的树根

我去拥抱爱人的手臂

你向着阳光长一寸

她也更深埋一寸

6. 白露

你把星星承在云里
我把月亮化在湖水里
夜空下,一条鱼在吃青苔与水
活生生的新鲜的爱情

7. 一个普通的日子

此时，此刻，阳光
我可以化在比某种巧克力更甜蜜浓稠的东西里
水果，薄荷和爱情
是一个无聊到发霉生活中的氧气

8. 到灯塔去

把冬日最漫长的一天甩在过去的时候
我把自己的心揉成两瓣
一瓣放到我的密封盒里腌着玫瑰
另一瓣在万尺之高的天空
跟着不同时间看日落的你
这样等下月你回来的时候
便能尝到双倍的甜了

去年我时常在梦中惊醒
看到感情像是落在手上的烟花
一下,一下
没沾到水就散了
我想用棉线把它们串起
又不甘心串起比秒表还快的东西

但如果
世界上有一种勇敢
那一定是
  贪婪之人献出的财富
  壮士心甘情愿捧上的尊严
  无情之人的真心

绿洲与云下的星星
沙漠中的水

是有一天我梦到
只看过烟花的我
有一天想要相信背后的灯塔
他在我夜晚茫然无措的时候出现
他在我欣喜雀跃着的晴天伫立
有一条无形的缰绳
我随着浪潮这么前进着
　　　　　到灯塔去，到灯塔去

幸运还是不幸
船上随着命运起伏的人
奢侈地开始相信一些虚无缥缈的东西

9. 变成山羊

想要变成一只山羊

自在地吃田间的草

在有人有泥的地上打滚

   做一只只属于风的孩子

有时我能停下

像一匹树一样伫立在斜坡上

想奔跑到蹄子发热

踏在播到第二年的种子上

自由本该是这样

我在想要奔跑的时候能静静奔跑

可以像在无人之地一般

踏过谁无尽原野的心上

但是自由也是

我停在某个地方

不必是最肥沃的草场

不必是稻谷最茂盛的地方

在这里我把自由种下

变成伸进土地的根

藤蔓挂住我无忧无虑的蹄子

我变得能够慢一些奔跑

变得能够感受到草叶上每颗露珠落下的轻微瞬间

我变得能够歌唱

她想要自由

靠在这棵刚种下的大树上

看遍一片原野

每个不同的太阳

10. 拥抱

午夜降临的时候

去拥抱你身边的人吧

空气中尘埃里的精灵对我说

于是我张开双臂

雨夜,冬天的风里

我在唯一的温暖里这样抱紧我自己

在时钟的一分一秒中沉沉睡去

在现实与梦的边界里

    我抓到了谁的手

我的温暖

吹散了一月里的雪

霜中的泪珠

黑暗中的我看不清幸福真正的样子

但是我的心和臂膀都温暖起来

像水一样沸腾着

拥抱

是解除物理隔阂的暗号

春天的钟声开始撞进我的心门

心跳

一下，一下，
我融化在梦与现实的边界里

晨光轻抚我的睡颜
这样醒来
我只身从无际的梦幻中醒来
一人，只有一人
但是现实中有这样的拥抱在
窗外已是春天

不合理?

1. 夏天

赤日,铁轨与油鳝一样
热气也要蹦到脸上

铁皮车厢本是轻薄的
这时却是个平底锅
空气中的油都被提炼出来
炙烤着所有苏醒着的

这里是一只大大的上宽下窄的油瓶
我们都是误入其中的蚂蚁

2. 预言

我被语言放逐了

空坐写不下一个文字

那些英文的无病呻吟只是我其中的一个样子

当我要说话的时候

我的笔扼住了我的脖子

语句，在纸上蔓延成了

蛇，爬行

顺着我的血管

感染到我的心脏我的脑子

直到我和我过去的记忆

和我笔下的文字一样残缺不全

我是麦克白夫人吗

    不然为什么我总是看到这些罪人们的幻影

在我的笔下蜿蜒成了一个血字

谁又是麦克白

又是谁杀死了邓肯，我们那仁慈的国王

他的子嗣

不得不远离国土

从温暖到一个又一个北境的国度去

我不再想或会写一个春天，柳絮如何
　　　　　温柔地在我肩上细语
夏天西湖上莲花的沁香
冬天更深的莲子的苦涩
我读到那古籍中在诉说
"国王，您已经到了血泊的中间；
前进后退，皆是歧路
或许会淹死您，
　　　　还有我们这些刚好在船上的蚂蚁"
千万只在唱着

　　　"罪人，罪人
　　　罪人，罪人
　　　流血吧，流血吧，可怜的国家
　　　不可一世的暴君，奠下您安若泰山的基业吧
　　　戴着您那不义的王冠吧
　　　只因正义的力量不敢向您诛讨
　　　罪人，罪人
　　　罪人，罪人"

在我自刎前，
如果勃南的森林到了邓希顿
请像春天的阳光那样融化我的冻泉吧
让我的手从血泊中解放
　　　重新变成诗人的手

那样我一定会将不列颠所有的鲜花

尽数描绘下来

绽放在苏格兰寒冷的大地上

未完成

3. Prophecy

I have been exiled by language,

unable to pen a single word.

Those moans in English

When I attempt to speak,

my pen strangles my throat.

Sentences spread across the paper,

transforming into snakes that slither,

following my veins,

infecting my heart, my brain.

Until they are as fragmented

as my past memories, my crucified words.

Am I Lady Macbeth ?

Otherwise, why do I always see these sinners' phantoms

Twisting into bloody scripts under my pen ?

Who then is Macbeth ?

and who killed Duncan, our beloved king,

Whose descendants

had to flee the homeland,

from warmth to frigid northern realms ?

I no longer think or write of spring, how the willow fluff

whispers tenderly on my shoulder,

The fragrance of lotus flowers on the summer lake,

turning into the bitter winter lotus seeds.

I read the ancient engraving, crying:

    "O King, you are now in the midst of blood;

      Advance or withdraw, either fraught with peril

Thou might drown,

And we, but ants upon this tempest-tossed bark."

Millions sing,

    "Sinner, Sinner,

    Sinner, Sinner,

    Bleed, Bleed, Poor Country,

    Imperious tyrant, lay thou thy empire sure,

    Wear your unjust crown,

    For justice dares not chastise thee,

    Sinner, Sinner,

    Sinner, Sinner."

Before I take my own life

If Birnam Wood comes to Dunsinane,

Let the sun unthaw my frozen heart like spring.

Free my hands from this blood

back to the hands of a poet again.

Then, I shall paint every flower in Britain,

blossoming on the cold soil of Scotland.

4. 等待

我像一列被红灯顿住的列车
在站台上无尽地等待

人来人往的世界
不知道下一个绿灯在哪里
等一个护栏的放行
等不会有人再死在铁轨上

有许多人在高峰列车上　上下班
有许多人在这之外的时间，在列车上　驻足

一直有人快乐
一直有人不快乐

5. 前夜

比冬天更寒冷的
是一个苹果被扔到冬天

比小美人鱼更不能多言的
是我拿不回说话的能力

比海峡更遥远的
是我们相望却不在一处

你不在这里了
我却还有这么多情绪　还没有被语言所给予
希望失望　想念落寞
比英吉利海峡更漫长的
是我丢失一个名字所需要的归程

我好恨
我是一根弯曲的绳子
我只能维持自己
我无法在重力中拉着你坚持

我也不知道

什么时候折断雄鸡的鸡冠
不知道为何不义的人可以白着脸说话
不知道为何我愤怒的勇气
也在失望的雾里消失殆尽

我知道世界或许把成百倍多于我的苦难
压在了你比我更瘦弱的肩膀上
而你的眼睛还亮着光
像不倦的百灵鸟
带着我
在一片白色的世界中歌唱
歌声放生了我握着刀的手
我想起了我为什么来到这里

现在也明白了为什么要离去

For Rachida Ammari

6. 一个秋日的诞生和死亡

一枚果实

从一双温柔的手下播种的殷切

开花的春天　淡粉色的期待

到你现在痛苦诞下的果实

沉甸甸 落到我的手上

我采下你

我品尝你

我把玩着你圆润的果实

而我踏着落叶像踏着我从不曾在意过的被压碎的尸体

冬日的凛冽

温度的寒冷

没有刺痛一个秋日　收获的安逸

7. 厌恶　　　　　　　　　及其原因

你像一颗杏仁一样　　　　　　　　我厌恶周围一切的喧闹
把自己包裹了起来　　　　　　　　厌恶被人群像空气包围着窒息

你像一颗皮球一样　　　　　　　　我厌恶随波逐流
等待着预料之下的撞击　　厌恶没有边界感的相逢，事先预谋的造作

你像一只垃圾袋一样　　　　　　　　我厌恶确定
时时被压在铁道之间 却无处可去　　厌恶重力，一放手就知道结局

　　　　　我想变成一台巨大的焚化炉
　　　在这里把这个世界和你都烧掉
　　　我一定要把你装在一个小箱子里
　　　　　　吞下锁它的钥匙

　　　　　　我想把这一切都烧掉
　　　　　　那些恶心的围绕着我的
　　　　　　　　　人
　　　　　　　　　事物
　　　　　　　　　空气
　　　　　　　　　物质

烟熏味的恶心，食物残渣式的恶心
堵车的恶心，发酵的恶心
酸味，汗臭味，辛辣味，反刍味

把这个世界的垃圾场
烧到黑烟都不剩
连同你
连灰烬都不剩

8. 罪

礼物和赞美都还没有到达这个地方

于是我在漆黑的旷野上呐喊

呐喊让星星能一同陨落下来

燃烧我内心空寂的碎片

一座城市的哭声

    几千万只手指尖落下的鲜血

    连哭喊都只能压抑的人们

呐喊让星星能一同陨落下来

让白昼照亮旷野的死寂

光让我目眩,让我盲

黑夜窒息我,让我曾视而不见

这些都是你的牺牲,还未带走的罪孽

到最后我还是只能做一个无家之人

一个只书写快乐的诗人

For Aaron Bushnell

9. 十二月

我等待一个冬日的幸福
期待一个一颗从未开花的树长出的果实
日子在缩短
我在黑夜中迎来更漫长的 黑夜

在寒冷中
三个月的日子被拉长了
没有光的冬夜
我的快乐和思想都在冬眠
这样漫长
我睡去了好几个夏天， 蝉的一生

I am silver and exact. I have no preconceptions.

Whatever I see I swallow immediately

I am not cruel, only truthful--*

我爱你

I'm a means, a stage, a cow in calf.

I've eaten a bag of green apples,

Boarded the train there's no getting off.**

也爱那一切矛盾的未完成

*from <mirror> Sylvia Plath

** from <metaphor> Sylvia Plath

www.ingramcontent.com/pod-product-compliance
Lightning Source LLC
Chambersburg PA
CBHW081154070526
44583CB00021B/2830